Desmame, "descame" & desfralde!

Desmame, "descame" & desfralde!

TÁTICAS QUE DERAM CERTO

um livro de

Aline Pandolpho

1ª edição

Santa Catarina

2022

Para as mamães que estão enfrentando essas fases
desafiadoras ou ainda irão enfrentar.
Estamos juntas!!!

SUMÁRIO

PARECIA IMPOSSÍVEL

Eu olhava para o meu filho e pensava: "ele nunca vai largar o peito!"; "como vou fazê-lo sair da minha cama?"; "por quanto tempo ainda vou gastar com fraldas?".

Confesso que, em muitos momentos, cheguei a pensar que, fazer meu filho abrir mão dessas coisas, seria uma missão quase impossível! Mas não me desesperei e, posso dizer que, é esse o segredo.

Ao mesmo tempo em que, eu não sabia muito bem o que faria e como faria, eu também tinha a plena certeza de que, nada dura para sempre.

Fechar os meus ouvidos a comentários negativos e críticas e resistir à tendência de comparar o meu filho a outras crianças, foi a chave para eu conseguir manter a calma e sentir, em meu coração, qual seria a melhor forma e o momento de agir.

Hoje, olho para trás e, às vezes, nem acredito que deu tudo certo e como as coisas estão diferentes agora.

Com certeza, a paciência é a mais bela das virtudes!

Aline Pandolpho

DESMAME

PARTE 1 (NOITES)

Eu sempre tive o desejo de que o meu filho mamasse no peito até, pelo menos, os 2 anos. E, quando ele chegou nessa idade, as mamadas já aconteciam somente na soneca da tarde e no sono da noite. Então, eu decidi fazer o desmame em duas partes, começando pela noite, onde ele mamava antes de pegar no sono, nas acordadas da madrugada e antes de sair da cama pela manhã.

Quando achei que já era o momento, comecei com as conversinhas sobre ter que deixar o tetê partir. Eu dizia: "agora o Ravi já não é mais um bebezinho, o Ravi já é grande, não precisa mais de tetê!" E, à princípio, eu tentei inserir um substituto, que foi a música. Eu falava que ele podia virar para o canto, fechar o olhinho e dormir só ouvindo a musiquinha que eu iria cantar.

Confesso que, nos primeiros meses, essas conversas não surtiram efeito algum. Meu filho dava risada e pedia o peito logo em seguida. Mas, eu não desisti. Dava um tempinho e eu vinha com a mesma conversinha de novo. Fui fazendo isso, no período de uns 2 meses, até que, um belo dia, simplesmente, começou a surtir efeito. Foi como se tivesse ligado uma "chavinha" no cérebro dele, que fez ele entender tudo aquilo e começar a aceitar.

A partir dali ele mesmo começou a dizer: "mamãe, o Ravi já é grande, não precisa mais de tetê!" e pedia para eu cantar musiquinha para ele dormir. Lembro que eu cantava sempre a música da Dona Aranha e, em alguns minutinhos, ele dormia. Às vezes, demorava um pouco mais para ele pegar no sono comecei a me cansar de cantar, rs. Então, procurei uma versão bem calminha no Youtube, uma com voz suave, do jeitinho que eu cantava, comecei a tocar para ele e também deu certo.

Por fim, eu desvinculei a música também. Comecei a dizer que ele não precisava mais de musiquinha, que ele podia só fechar o olhinho e ficar bem quietinho que o soninho viria. Ele reclamou uns 2 dias, mas acabou aceitando, também.

Quando ele passou a dormir à noite sem a mamada, automaticamente, ele também parou de pedir para mamar antes de sair da cama de manhã. Até achei que seria um novo processo, mas não foi. Me pareceu que ele associou sozinho as duas coisas e, simplesmente, não pediu mais. Mas as mamadas da madrugada ainda continuavam. Como eram momentos em que ele estava bem sonolento, parecia que ele se esquecia da nova realidade sem tetê. Então, quando ele acordava pedindo peito, eu dizia: "mas Ravi, lembra que você já é grande?" "lembra que você não precisa mais de tetê para dormir?" Ele reclamava, mas continuei repetindo isso, toda vez que ele acordava, até que ele passou a virar para o canto e voltar a dormir sozinho.

PARTE 2 (TARDES)

Tirar as mamadas da tarde foi bem mais fácil e rápido do que tirar as da noite. Mas, como o método que usei foi um pouco diferente, resolvi registrar aqui, também.

Sempre que chegava a hora da soneca da tarde, eu tinha o costume de chamar o Ravi e dizer: "hora da soneca!" Ele já sabia o que significava, então já ia para a minha cama, eu deitava ao lado dele e ele mamava, até pegar no sono. Dormia por, aproximadamente, 1 hora e meia e, logo que acordava, já pedia o peito de novo, para mamar mais um pouquinho antes de sair da cama.

Eu queria que ele continuasse com as sonequinhas, mas percebi que, só colocar ele na cama, no meio do dia e pedir para ele fechar o olhinho e dormir, assim como eu fazia à noite, não funcionava. Mesmo fechando as cortinas e deixando tudo quietinho, ele não estava tão cansado como à noite e percebi que era a mamada que ajudava ele a relaxar, ficar sonolento e dormir nesse horário. Sem ela, ele, simplesmente, não conseguia. Então, eu resolvi fazer diferente nesse caso.

Passei a não falar mais que era a hora da soneca. Quando chegava perto do horário que ele costumava dormir, eu colocava um desenhinho na TV e deixava ele deitado no sofá, assistindo. Em pouco tempo, eu olhava e ele já estava dormindo. Fui fazendo isso nos dias seguintes e, logo, se tornou rotina e as mamadas foram, totalmente, desvinculadas da soneca da tarde. Ele não pedia mais, nem quando acordava.

Como temos o costume de acordar tarde, com o tempo, o meu filho foi precisando, cada vez menos, das sonecas e, posso dizer que, hoje, elas acontecem muito raramente. Só naqueles dias em que acordamos um pouco mais cedo, por alguma razão, ou quando ele faz atividades que gastam mais energia do que o de costume. Mas, na maior parte dos dias, ele vai direto, cheio de energia e, quando chega à noite, desmaia! Rs.

Resumindo as duas partes do desmame, posso dizer que ele aconteceu de forma leve e natural, sem traumas, pressões ou qualquer tipo de sofrimento.

Esperar 2 anos e 5 meses para que isso acontecesse, não foi o "fim do mundo" para mim e, se eu pudesse voltar atrás, faria tudo, exatamente, do mesmo jeitinho.

Os benefícios da amamentação prolongada são imensuráveis e indiscutíveis, tanto para a saúde física quanto mental e emocional (da criança e da mãe). Não importa o tempo que levou, nem o que eu precisei abrir mão nesse período. Eu nunca me arrependerei de ter proporcionado ao meu filho, tamanha RIQUEZA!

"DESCAME"

Eu poderia ter deixado o meu filho no próprio quartinho desde o início, mas preferi que ele dormisse comigo para facilitar as mamadas noturnas. Não precisar levantar durante a madrugada, era uma "mordomia" que EU fazia questão de ter e só EU sei o quanto isso foi importante e necessário.

Alguns me diziam: "Mas ele não é mais um bebê, ainda acorda nessa idade?" Sim e você também! Todo ser humano acorda diversas vezes no meio da noite, mas, na maioria das vezes, não se lembra no dia seguinte. Isso é algo, completamente, normal e fisiológico.

A questão é que, uma criança precisa aprender a voltar a dormir sozinha, quando isso ocorre. No caso do meu filho, apenas as mamadas o faziam pegar no sono novamente e não, eu não quis substituir por mamadeira ou chupeta e, muito menos, deixá-lo chorando até aprender na marra.

Após o desmame, como ele não acordava mais no meio da noite para mamar, eu quis, quase que de imediato, passar ele para a própria cama. Mas, a primeira tática de, simplesmente, colocar ele lá, não deu muito certo. Foi só fazer a mudança e o meu filho começou a acordar várias vezes no meio da noite, assustado e chorando. Percebi que não seria tão simples assim e resolvi voltar ele para a minha cama por mais um tempinho, para que eu pudesse descansar bem e conseguir pensar numa nova tática.

Tentei me colocar no lugar do meu filho. Por quase 3 anos, ele teve o costume de dormir comigo e com o meu marido. Ele acordava no meio da noite e sabia aonde estava e com quem estava e isso o confortava. Quando passei ele para a própria cama, de repente, ele passou a acordar no meio da noite e se ver em um lugar diferente, sem a mãe ali do lado e isso, compreensivelmente, o desestabilizava.

Passados alguns meses, resolvi fazer uma nova tentativa e usar uma tática diferente. Sim, alguns meses. Afinal, eu tinha acabado de desmamar o meu filho e tinha acabado de sentir o gostinho de dormir uma noite inteirinha sem ter que acordar, nem uma única vez, para amamentar. Então, sim, eu quis muito curtir esse momento por, pelo menos, alguns meses, antes de entrar em um novo processo, que mexeria com as minhas noites de sono outra vez.

Então, alguns meses depois, comprei um colchão, inflável mesmo, coloquei ao lado da cama do meu filho e comecei a dormir lá, junto com ele. A ideia era, primeiramente, mostrar para ele que, agora ele estava dormindo em um ambiente novo, mas não sozinho. A mamãe ainda estaria ali pertinho e pronta para acudi-lo.

Nas primeiras noites, ele acordava diversas vezes no desespero, eu rapidamente fazia um carinho e ele voltava a dormir. E foi assim, por umas 3 ou 4 noites, até que as acordadas foram diminuindo e pararam de acontecer. Antes mesmo de uma semana, ele já estava dormindo a noite inteira, sem acordar. Ou seja, estar em um novo ambiente, já não era mais um problema.

Então, agora, eu só precisava sair do quarto, para ver se tudo continuaria igual. Mas, não tive pressa. Por uma necessidade, totalmente, minha, eu ainda quis dormir lá com ele por, pelo menos, mais uns 15 dias. Só para ter plena certeza de que, realmente, tinha dado certo e, também, para que eu pudesse dormir mais algumas noites inteiras, antes de correr o risco de ter que começar tudo outra vez.

Depois desse tempo, eu, finalmente, voltei para a minha cama e, com a graça de Deus, tudo continuou, perfeitamente, igual! O fato de eu não estar ali, do ladinho dele, não causava mais transtornos. Ele entendeu que, agora a mamãe e o papai tinham a cama deles e ele tinha a caminha dele e que, qualquer problema que ele tivesse no meio da noite, era só chamar, que a mamãe estaria a poucos metros de distância.

Claro que, como qualquer criança normal, uma acordada ou outra, por conta de algum pesadelo ou desconforto, ainda acontece, de vez em quando. Mas, a diferença é que, agora não se trata mais de algo diário e desgastante, como antes. Hoje, uma noite mal dormida, virou algo esporádico e, conseguir dormir bem, na maior parte dos dias, me ajuda a ter ainda mais disposição ao lidar com os pequenos desafios que surgem diariamente.

Alguns tentaram me fazer pensar que, se eu não tirasse o meu filho da minha cama o quanto antes, ficaria cada vez mais difícil ou, até mesmo, impossível. A impressão que me davam, era a de que o meu filho, aos 30 anos, ainda estaria dormindo comigo! Rs. Mas, eu resolvi arriscar e comprovei, exatamente, o contrário.

Posso dizer que, ter o meu filho em minha cama por todo esse período, só me trouxe benefícios. Eu pude, não só dormir melhor por não ter de levantar diversas vezes no meio da noite, mas, também, pude dormir com maior tranquilidade, sabendo que o meu filho não estaria sozinho. E, o mais importante e valioso, foi poder aproveitar, cada uma dessas noites, sentindo o cheirinho e o calorzinho do meu bem mais precioso, coisa que, com o tempo, inevitavelmente, eu perderia a oportunidade de ter.

Poder olhar para trás, hoje, e saber que, eu não tive receios e aproveitei essa chance o máximo que pude? Que privilégio!

DESFRALDE

Nossa primeira tentativa de desfralde, foi usando um assento redutor de privada. Pensamos que, talvez a ideia de poder se sentar no mesmo lugar que o papai e a mamãe sentam, aguçaria o interesse do nosso filho em nos imitar e se sentir "adulto".

O Ravi é apaixonado por carros, desde que tinha poucos meses de idade, então, buscamos na internet um modelo de assento nesse tema para tentar deixar a experiência ainda mais divertida e empolgante para ele.

Quando o assento chegou, já começamos a falar: "olha, a fralda já está acabando!", "o Ravi já é muito grande para usar fraldas!", "vamos dar tchau para a fralda?". Mas, ele não esboçava o menor interesse em usar o assento. E, quando perguntávamos se ele queria tentar fazer pipi ou cocô na privadinha nova, ele logo respondia que não.

Então, quando o verão chegou e montamos a piscina no quintal, vimos uma nova oportunidade de fazer dar certo. Dizíamos para o Ravi que ele não podia fazer xixi nem cocô dentro da piscina e, que se ele sentisse vontade, ele tinha que nos avisar para levarmos ele ao banheiro. Fomos bem incisivos: "Ravi não esquece, hein? Tem que segurar o xixi e o cocô dentro da piscina!". E, nesse primeiro momento, a tática funcionou. Toda vez que ele entrava na piscina e vinha a vontade do xixi, ele avisava, levávamos ele até a privada e ele fazia. Mas, a alegria não durava muito. Era só sair da piscina, que ele já pedia para colocar a fralda e não aceitava mais fazer na privada. E, se tentássemos deixar ele sem fralda, ele, simplesmente, não segurava e era xixi pela casa inteira. Lembrando que, essa tática da piscina, só dava certo para o xixi, porque o cocô, ele segurava até ter a fralda de volta e não fazia no assento de jeito nenhum.

Resolvemos esperar mais um pouquinho para insistir e, aproximadamente, um mês depois, mudamos de tática. Decidimos tirar o assento redutor da jogada e fazer um novo teste, dessa vez com um penico.

Pensamos que, talvez, por algum motivo, ele não estivesse se sentindo à vontade com a privada. Fora que, com um penico no chão, ele teria mais autonomia, já que, para usar a privada, ele precisava sempre da nossa ajuda e nós não queríamos que ele usasse uma escadinha, pois a nossa pia é muito próxima da privada e tínhamos medo de algum acidente.

Então, partimos na busca de um penico bem legal e, para ajudar o Ravi a já ir se animando com a ideia, deixamos ele participar da escolha. Falávamos para ele: "uau, penico é muito mais legal do que privada, não é, Ravi?" e ele começou a se empolgar!

Quando o penico chegou, logo no dia seguinte, aproveitei que o Ravi ia entrar na piscina e falei que, quando ele tivesse vontade de fazer xixi, ele tinha que me avisar para eu pegar o novo peniquinho. E assim foi. Toda vez que batia vontade, ele me avisava, eu pegava o penico e ele fazia. Até aí, já senti uma certa animação nele, que não rolava com a privada.

Então, chegou o momento de sair da piscina e já fui falando: "Ravi, você saiu da piscina, mas continua valendo a mesma regra, xixi agora é só no penico novo, a mamãe não vai colocar a fralda, ok? É igual quando você estava na piscina, tem que segurar, não pode deixar sair xixi na cueca e, se você sentir vontade, é só sentar no peniquinho novo!"

O meu medo de voltarmos à estaca zero era enorme. Aquela era a hora da verdade. Se ele deixasse escapar, estaríamos na mesma e, mais uma vez, teríamos de dar um tempinho e pensar numa nova ideia. Mas, para a minha surpresa, dessa vez funcionou! Depois de sair da piscina, coloquei a cuequinha nele e ele passou a tarde todinha fazendo xixi só no penico, sem escapes pela casa. E eu perguntava a toda hora se ele queria fazer xixi e sempre o lembrava que, se ele quisesse fazer, ele tinha que me avisar para ir no penico. E a coisa fluiu maravilhosamente! Primeiro dia, ok!

À noite, eu coloquei a fralda só para ele dormir, até porque, uma coisa de cada vez, não é, minha gente? Ainda não queria ter que lidar com cama molhada! Rs. Então, coloquei a fralda, mas avisei que era só para dormir e que, assim que ele acordasse, já colocaríamos a cueca novamente, para ele poder usar o penico quando quisesse.

Daí, nos demos conta de que, nesse primeiro dia, ele não fez cocô, somente xixi. E, no dia seguinte, foi a mesma coisa, xixi no penico o dia inteiro, sem escapes e, nada de cocô. Terceiro dia, igual. Então, comecei a conversar com ele: "Ravi, agora só falta o cocô. Ele já está preso aí na barriguinha há muito tempo e está querendo sair!"

Encontrei um livrinho em PDF gratuito na internet, chamado "A Viagem do Cocô" da Caroline Bruschi, com uma historinha super legal sobre o cocô que quer sair para encontrar os amiguinhos no esgoto. Simples e engraçadíssimo. Baixei e comecei a mostrar para o Ravi, dizendo que, ele precisava "libertar o cocô". Ele entendia, dava risada, sentava no penico, mas nada de o cocô sair.

Até que, meu marido teve a brilhante ideia de segurar ele, igual quando abaixamos para usar um banheiro público sem sentar, sabe? Daquele jeitinho! Pediu para ele fazer força e o cocô, rapidamente, caiu direto no penico. Vitória!!!

Lembramos que, quando ia fazer cocô na fralda, o Ravi sempre ficava nessa posição, de pé e apoiado em alguma coisa, como o sofá, por exemplo, mas nunca sentado. Daí a dificuldade em fazer sentado no penico. Era uma novidade e muito diferente do habitual. Já o xixi, ele fazia em tudo quanto era posição, de pé, deitado, sentado e, por isso, foi mais fácil.

No dia seguinte, assim que bateu a vontade do cocô, eu segurei ele, do mesmo jeitinho, e saiu, sem dificuldades. Então, quando veio a vontade outra vez, eu já sugeri que ele tentasse sentado e ele, finalmente, conseguiu. A travinha do cocô foi embora de vez e, dali em diante ele só fez sentadinho. Inclusive, sempre que saímos para um lugar público ou casa de amigos, ele usa a privada, tranquilamente. E, em casa, depois de quase 3 meses usando o penico, ele passou para o assento redutor que tínhamos comprado inicialmente.

Agora, falando das fraldas noturnas, logo no início do desfralde, eu já fui percebendo que elas amanheciam vazias. Eu tive a impressão de que, foi só ele aprender a segurar, que ele passou a fazer isso dormindo também, de forma automática. Mas, por desencargo, resolvi esperar mais um tempinho, antes de deixá-lo dormir sem fralda. E assim fiz. Dois meses depois, uma bela noite, eu deixei a cuequinha, ao invés de colocar a fralda e, no dia seguinte, estava tudo sequinho. Nos dias seguintes, continuou tudo sequinho e assim permanece, até hoje.

Mais um processo concluído com sucesso. O último dos apegos que, assim como os outros, também foi embora com leveza, sem deixar marcas e sequelas.

Chego até aqui orgulhosa do meu filho e, principalmente, de mim mesma, por ter conduzido tudo isso da forma que acreditei ser a melhor, sem me desviar do plano, sem dar atenção a burburinhos e, o mais importante, sem alvoroço.

Conforme fui me lembrando de cada detalhe para registrar aqui, meu coração se encheu de paz e satisfação, pois tive ainda mais certeza de que eu não poderia ter tomado um caminho melhor.

Com o passar dos anos, o meu filho precisará, cada vez menos, de mim. Por isso, enquanto ele ainda precisa, faço questão de estar ali, sem muita pressa de não ser mais necessária, mas valorizando cada segundo dos momentos que ainda tenho com ele, tornando-os especiais e memoráveis.

É como uma grande amiga minha sempre diz: "eu não abro mão dessa maravilhosa missão que Deus me deu, pois ela é, não só o meu dever, mas, também, a minha vontade e eu não a entrego a ninguém, nem a terceirizo." Sábias palavras!

DEIXE FLUIR

Eu sempre quis que, os processos de "tirar algo" do meu filho, fluíssem de forma natural. Foi isso o que idealizei, foi isso o que planejei e, com muita paciência e amor, foi isso o que fiz acontecer. Sempre no tempo DELE, não no meu e, muito menos, no tempo dos outros.

Não concordo que exista uma idade fixa e engessada para que uma criança esteja fazendo isso ou aquilo, até porque, todas são únicas e se desenvolvem de formas diferentes. Não é porque o meu filho fez tal coisa com 1 ano e o seu com 2, que o meu filho é melhor ou mais inteligente do que o seu. Não é porque espera-se que uma criança de 2 anos faça tal coisa, que o fato de ela ter feito com 3, faça dela uma criança atrasada ou limitada.

Claro que, não podemos, simplesmente, "largar a mão" e esperar que a criança demonstre interesse sozinha e do nada. É óbvio que, o seu filho, dificilmente, chegará em você dizendo que não quer mais mamar, que não quer mais dormir com você, ou que não quer mais saber de fraldas. Esperar que isso parta, total e unicamente deles, é algo irrealista e, em minha opinião, até caracteriza um certo desleixo da parte dos pais, que têm a responsabilidade e o dever de orientar, conduzir e educar.

Quando digo, "esperar o tempo deles", quero dizer que devemos, não só apresentar uma ideia, conversar sobre ela, dar incentivos e insistir para que aquilo se concretize. Mas acredito que, isso envolva, também, sentir o retorno que a criança dá e sentir que ela está, realmente, preparada para aquilo. Quando a criança está, de fato, pronta, ela colabora e participa do processo, fazendo com que ele se torne mais leve e, até mesmo, mais rápido.

Posso dizer, por experiência própria que, pensar dessa maneira e fazer dessa forma, me livrou de grandes desgastes emocionais. Os três processos, fluíram no tempo certo e sem pressão.

Então, aqui vai o meu conselho para você, mãe. Percebeu que algo não está fluindo? Mantenha a calma, dê um tempinho e comece outra vez. Viu que tal tática não funcionou? Tente outra, depois outra e depois outra, até que você consiga atingir o seu objetivo. Mas, o mais importante é, não desanime! Tenha a plena certeza de que se trata, apenas, de uma questão de tempo, preparo e muito, mas muito AMOR!

O seu filho e a sua saúde mental, agradecem.

AGRADECIMENTOS

Primeiramente, a Jeová Deus que, sempre ouve e atende às minhas orações, me dando muita sabedoria, paciência e força para lidar com o meu filho e ser o exemplo que ele precisa.

Ao meu querido filho Ravi que, a cada dia, se torna mais lindo, maduro e independente, inundando os meus dias com a sua energia, empolgação e alegria!

Ao meu marido que, sempre escuta e apoia minhas ideias, além de compartilhar as dele e contribuir, imensamente, para que tudo flua da maneira que idealizamos.

À minha incrível amiga, Dayane, que sempre compartilha comigo suas experiências e ideias e acompanha, bem de pertinho, cada processo e experiência, mesmo estando à quilômetros de distância!

Aos meus amados familiares que, apesar de conhecerem bem os meus defeitos, vivem elogiando a minha força e torcem, verdadeiramente, pelo meu sucesso, vibrando, juntinho comigo, a cada vitória.

Também, a todas aquelas pessoas que cruzaram o meu caminho, ao longo da minha jornada na maternidade, e se esforçaram em compreender as minhas escolhas, ao invés de criticá-las. A paz que vem disso é impagável!